AF349913

VENTE *24 Mars 1906*

Du 24 Mars 1906, à 2 h. 1/4

HOTEL DROUOT — SALLE N° 11

*marqué P*

EXPOSITION PUBLIQUE

*Le 23 Mars 1906, de 2 h. à 6 h.*

# ANCIENNES FAÏENCES

## Italiennes, Françaises, Hollandaises, Suisses
## Persanes, Hispano-Mauresques

# PORCELAINES

## de Sèvres, Saxe, Chine et Japon

# TAPISSERIES, TAPIS

## Tableaux

COMMISSAIRE-PRISEUR

**M<sup>e</sup> F. LAIR-DUBREUIL**

*6, Rue du Hanovre, 6*

EXPERT

**M. Arthur BLOCHE**

*51, Rue Saint-Georges, 51*

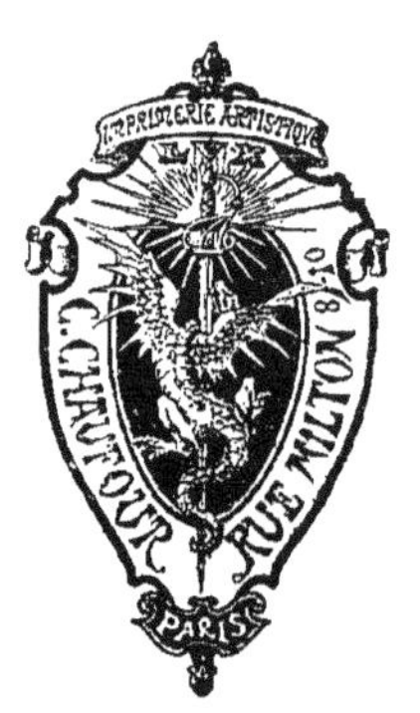

IMPRIMERIE ARTISTIQUE
C. CHAUFOUR
RUE MILTON 8. 10
PARIS

## CONDITIONS DE LA VENTE

La vente sera faite expressément au comptant.

Les acquéreurs paieront 10 o/o en sus des enchères.

L'exposition mettant le public à même de se rendre
compte de l'état des objets, il ne sera admis aucune récla-
mation une fois l'adjudication prononcée.

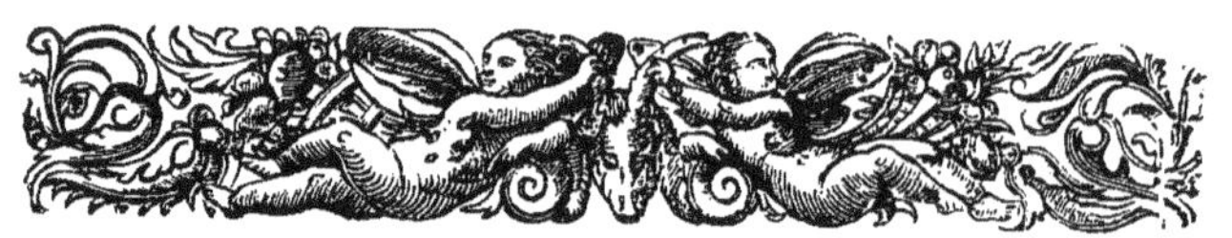

# DÉSIGNATION

## FAIENCES ANCIENNES

1 — **Avignon.** Panier à anses en terre vernissée, décor en relief de fleurs et feuillages,
parties ajourées.

2 — **Beauvais.** Petit baril en ancienne terre
vernissée, décor à fleurs de lys, xviiᵉ siècle.

3 — **Castelli.** Deux vases avec couvercles représentant des scènes de batailles, des figures
d'amours et des motifs fleuris, xviiiᵉ siècle.

4 — **Castelli.** Plat creux représentant une femme
assise près d'un aigle dans un paysage,
bordure à rinceaux, écusson et volatiles
xviiᵉ siècle.

5 — **Castelli.** Plaque représentant Judith tenant
la tête d'Holopherne, xviiᵉ siècle. Encadrée.

6 — **Castelli.** Plat décoré au centre d'armoiries, au milieu de dessins raphaëlesques, xviie siècle.

7 — **Castelli.** Deux plaques rondes offrant au centre des scènes pastorales dans des paysages accidentés, le tour forme mi-jonc, xviiie siècle.

8 — **Delft.** Potiche avec couvercle et deux vases, décor en bleu sur blanc à médaillons de fleurs, quadrillé à rosaces et grands feuillages en relief, xviiie siècle.

9 — **Delft.** Plat rond, décor polychrome par compartiments à fleurs, xviiie siècle.

10 — **Delft.** Trois assiettes, décor en bleu à semis de fleurs et branchages, xviiie siècle.

11 — **Delft.** Trois compotiers, décor polychrome, rosace fleurie, xviiie siècle.

12 — **Delft.** Plateau oblong, décor en bleu représentant le Concert champêtre, xviiie siècle.

13 — **Delft.** Trois plats, décors variés en bleu, xviiie siècle.

14 — **Delft**. Assiette, décor polychrome, coq, poule, fleurs et oiseaux, xviiie siècle.

15 — **Delft**. Deux assiettes, décor à personnages dans des paysages en polychrome, xviiie siècle.

16 — **Delft**. Assiette, décor polychrome à figure et cigogne fantastique dans un paysage, xviiie siècle.

17 — **Delft**. Deux petits compotiers, décor à fleurs et branchages en bleu, xviiie siècle.

18 — **Hispano-Mauresque**. Plat à reflets métalliques ; au centre un ombilic à écusson.

19 — **Italie**. Plat à reflets métalliques : les Forges de Vulcain.

20 — **Italie**. Plat orné au centre d'un médaillon à buste de femme, xviie siècle.

21 — **Italie**. Grand plat en faïence blanche, décoré d'une armoirie en jaune et bleu.

22 — **Italie,** Deux plats en ancienne faïence blanche décorées d'armoiries.

23 — **Italie**. Assiette, décor polychrome à trophée de drapeaux et rocailles, bordure à pal-
mes et écussons. XVIIIᵉ siècle.

24 — **Marseille**. Deux plaques d'applique représentant des personnages dans des paysages,
encadré de rocailles, de coquilles et d'enrou-
lements, XVIIIᵉ siècle.

25 — **Marseille**. Plat oblong, décor à bouquet de
fleurs, XVIIIᵉ siècle.

26 — **Marseille**. Deux assiettes décorées au centre, d'oiseaux sur des branchages, sur les
bords , de lambrequins et d'ornements ,
XVIIIᵉ siècle.

27 — **Marseille**. Assiette, décor camaïeu représentant Joseph vendu par ses frères,
XVIIIᵉ siècle.

28 — **Marseille**. Deux petites assiettes à fond
bleu, jaune et manganèse, XVIIIᵉ siècle.

29 — **Marseille**. Deux assiettes décorées de
paysages avec figures, bordure à fleurs,
XVIIIᵉ siècle.

30 — **Midi**. Plat oblong fond jaune à fleurs.

31 — **Moustiers.** Plat oblong, décor à fleurs en jaune, xviiie siècle.

32 — **Moustiers.** Plat ovale, décor à fleurs en jaune, xviiie siècle.

33 — **Moustiers.** Plat oblong, décor en jaune et vert à sujets, d'après Callot, xviiie siècle.

34 — **Moustiers.** Plat oblong, décor en bleu à figures et ornements, d'après Bérain, xviiie siècle.

35 — **Moustiers.** Trois assiettes, décor à personnages, oiseaux et paysages en vert et jaune, xviiie siècle.

36 — **Moustiers.** Assiette, décor en jaune, composition d'après Callot, xviiie siècle.

37 — **Moustiers.** Assiette offrant au centre une figure de bacchante assise, bordure à guirlande de fleurs en polychrome, xviiie siècle.

38 — **Moustiers.** Plat oblong, décor à petits personnages, animaux et fleurs en jaune et vert, xviiie siècle.

39 — **Nevers**. Grand plat, décoré en bleu d'un cavalier courant le cerf.

40 — **Bernard Palissy** (suite de). Plat ovale à fond marbré, bordure à cornes d'abondance, écussons et rosaces, dit à salières.

41 — **Bernard Palissy** (suite de). Saucière décorée d'une figure de femme couchée en relief.

42 — **Bernard Palissy** (suite de). Coupe oblongue sur piédouche, offrant au centre le baptême du Christ.

43 — **Bernard Palissy**. Plat ovale représentant la Belle Jardinière, bords à fleurettes et ornements.

44 — **Pessaro**. Coupe sur piédouche, décor à médaillon encadré de fleurs et de bouquets détachés. xviiiᵉ siècle.

45 — **Rhodes**. Plat décor à fleurs et feuillages polychrome. xviiiᵉ siècle.

46 — **Rouen**. Potiche à la corne et au carquois ; décor à fleurs et oiseaux. Haut : 0m34.

47 — **Rouen**. Bannette de forme octogonale, décorée au centre d'un masque d'homme au milieu, de rinceaux bordure à lambrequins et guirlandes.

48 — **Rouen**. Assiette décor en bleu et rouillé à réserves quadrillées et palmettes.

49 — **Rouen**. Assiette décorée au centre d'un écusson armorié. Marli à ornements et fleurs.

50 — **Rouen**. Groupe représentant un buste de la Vierge couronnée par un chérubin, décor polychrome. XVIII$^e$ siècle.

51 — **Rouen**. Deux assiettes, décor à la corne.

52 — **Rouen**. Plat oblong, décor oiseaux et branchages fleuris. XVIII$^e$ siècle.

53 — **Rouen**. Plat oblong décor à la pagode, bordure, quadrillée avec médaillon à fleurs en polychrome. XVIII$^e$ siècle.

54 — **Rouen**. Plat oblong à angles cintrés, décor à la pagode, bordure quadrillée avec médaillons à fleurs en polychrome. XVIII$^e$ siècle.

55 — **Rouen.** Plat dentelé, décor à bouquet de fleurs, bordure à lambrequins. xviii<sup>e</sup> siècle.

56 — **Rouen.** Plat oblong et creux, décor à fleurs et lambrequins. xviii<sup>e</sup> siècle.

57 — **Rouen.** Plat oblong, décor à la corne, oiseaux et papillons. xviii<sup>e</sup> siècle.

58 — **Rouen.** Bannette, décor à personnages siamois dans un paysage, en polychrome. xviii<sup>e</sup> siècle.

59 — **Rouen.** Compotier, décor à la corne. xviii<sup>e</sup> siècle.

60 — **Rouen.** Assiette, décor en bleu, avec corbeille fleurie au centre lambrequin et guirlandes sur le bord. xviii<sup>e</sup> siècle.

61 — **Rouen.** Assiette, décor en bleu et rouge de fer, décor trophée de carquois et colombes, bordure à fleurs et lambrequins. xviii<sup>e</sup> siècle.

62 — **Strasbourg.** Assiette à bords contournés, décor polychrome à fleurs et branchages.

63 — **Strasbourg.** Trois assiettes décor à l'œillet, bordures feuilles de choux. xviii<sup>e</sup> siècle.

64 — **Strasbourg**. Deux assiettes décor au chinois. XVIIIe siècle.

65 — **Suisse**. Grand plat représentant le Sacrifice d'Abraham, dans 'e haut se lit l'inscription : anno 1712 den 20 augustus.

66 — **Urbino**. Deux grands plats ovales offrant au centre des scènes de l'Ancien Testament, avec bordures à figures d'enfants, animaux symboliques, chimères et mascarons. Fin du XVIe siècle.

67 — **Urbino**. Grand plat ovale présentant une scène biblique, composition de nombreux personnages avec inscription au revers. Fin XVIe siècle.

68 — Pigeon en faïence décorée.

# PORCELAINES

69 — **Chine**. Deux plats ronds à bords dentelés décorés au centre d'un bouquet de fleurs, sur le bord, divisé par compartiments des cartouches de paysage et des bouquets de chrysanthèmes. xviiie siècle.

70 — **Chine**. Plat rond fond bleu à rehauts d'or avec médaillons réservés à fond blanc dessinant des paysans, de la famille verte.

71 — **Chine**. Plat à bord dentelé offrant au centre un paysage fleuri avec balustrade bordure à fleurs en sopra-bianco. xviiie siècle.

72 — **Chine**. Deux compotiers de la famille rose décorés de bouquets de fleurs. xviiie siècle.

73 — **Chine**. Plat rond, décor à fleurs, bordure à lambrequins fleuris. xviiie siècle.

74 — **Chine**. Deux plats ronds, décor à branchages et chrysanthèmes à rehauts d'or. xviiie siècle.

75 — **Chine**. Deux plats ronds décorés au centre
d'armoiries, au rebord de fleurs et de feuillages en rouge et or, vert et noir. xviiie siècle.

76 — **Chine**. Plat rond, décor oiseau sur balustrade fleurie en polychrome. xviiie siècle.

76 *bis* — Deux soucoupes de la famille rose et de
la famille verte, décor à fleurs et par compartiments.

77 — **Chine**. Assiette creuse en porcelaine décor
au poisson en rouge sur fond blanc gravé.

78 — **Inde**. Assiette décor représentant le Juge-
ment de Pâris, bordure rehaussé d'or à rocailles et rinceaux. xviiie siècle.

79 — **Indes**. Quatre assiettes, décor à fleurs, bordure à guirlandes rehaussée d'or. xviiie siècle.

80 — **Indes**. Assiette, décor à armoirie, marli à
rehauts d'or. xviiie siècle.

81 — **Indes**. Assiette, décor à bouquets de fleurs.
xviiie siècle.

82 — **Japon**. Aiguière et plat à barbe, décor polychrome à rehauts d'or à fleurs et arabesques, xviiie siècle.

83 — **Japon**. Plat rond à riche décor de bouquet de fleurs et lambrequins en polychrome à rehauts d'or, xviiie siècle.

84 — **Japon**. Assiette décorée d'objets d'ameublement en polychrome, xviiie siècle.

85 — **Saxe**. Deux compotiers, décor à bouquets de fleurs. xviiie siècle.

86 — **Saxe**. Plat rond à bord dentelé, décor à bouquet de fleurs. xviiie siècle.

87 — **Saxe**. Deux assiettes, décor à bouquets de fleurs. xviiie siècle.

88 — **Sèvres**. Assiette décorée au centre d'un bouquet de fleurs, bordure verte à rehauts d'or et réserves de guirlandes de fleurs.

89 — Assiette décor au centre du portrait de Napoléon Ier, bordure bleue à aigles d'or. Signé **Baurens**.

90 — Assiette décor à bouquets de fleurs et rehauts d'or.

91 — Assiette décor à jeux d'amours, bordure à rehauts d'or. Signé Aug.

92 — Assiette, représentant le Départ pour la chasse, bordure bleue rehaussée d'or. Signée V. Maëss.

## OBJETS D'ART

93 — Épi de faîtage en terre vernissée du Pré d'Auge, composé de cinq pièces et couronné par une Sirène. Epoque Renaissance. Haut. : 1m60.

94 — Épi de faîtage en terre vernissée du Pré d'Auge, composé de huit pièces et couronné par un oiseau. Epoque Renaissance. Haut : 1m95.

95-96 — Deux statuettes en bronze, par Mathurin Moreau : Le Jour et La Nuit.

97 — Pendule en bronze doré. Ier Empire.

08 — Paire d'appliques en bronze doré de style Louis XVI.

99 — Corbeille de fleurs et de fruits en ancienne terre cuite.

100 — Paire de grands landiers en fer forgé. modèle à volutes feuillagées.

101 — Galerie de foyer en fer forgé.

# TABLEAUX

102 — LE BLANT (J.) L'arrivée des Croisés. Dessin.

103 — CABANEL (Genre de). Portrait de Napoléon III représenté debout en costume de cour.

104 — DE DREUX (Attribué à). Cuirassier. Aquateinte rehaussée de sépia.

105 — ENCKE (Fédor). Portrait de Céline de Montalant.

106 — HENNIG. Allégorie aux arts. Cadre bois doré.

107 — HOBBÉMA (D'après). Le moulin.

108 — HUET (Attribué à). Tête de femme. Dessin au crayon. Cadre en chêne sculpté.

109 — LONGHENA. Cour intérieure d'un palais d'Italie, animée de personnages. Cadre ancien en bois doré.

110 — MARIO DEI FIORI (Attribué à). Bouquet de fleurs dans un panier. Cadre noyer sculpté.

111 — PANINI (Genre de). Ruines de Rome animées de personnages. Cadre bois doré.

112 — WEENIX (Genre de J.). Groupe d'oiseaux dans un paysage.

113 — Nature morte. Deux tableaux. Cadres bois doré.

114 — Deux gravures encadrées : Portrait de Louis XVI.

# TAPISSERIES, TAPIS

115 — Tapisserie verdure : Paysage et oiseau.

116 — Tapisserie verdure, même décor.

117 — Tapis ancien d'Orient.

118 — Lot de morceaux en ancienne tapisserie au point, galons, passementeries.

119 — Chasuble, étole et manipule en ancienne soie brochée.

120 — Trois dessus de sièges en ancienne tapisserie.

121 — Quatre dessus de sièges en reps broché galonnés de grecques.

122 — Objets omis.